Copyright © 2024 Infova Ediciones.

Copyright © 2024 Gonzalo Martínez de Miguel y Pedro Ezkurra.

ISBN: 978-84-940068-7-6

D.L. M-28061-2024

Textos: Gonzalo Martínez de Miguel.

Dibujos: Pedro Ezkurra.

Diseño gráfico y cubierta: Vicente Canteli.

Impreso en España por Solprint, s.l.

Santis y Q3

Leer, tal vez soñar...

Lalo y Kepa

Para Lisi, que ha decidió hacer de la escritura
su manera de vivir la vida.
Con mi agradecimiento a Irene que lleva 37
leyendo a mi lado.

−Gonzalo Martinez de Miguel.

Para Nieves, Eva e Irene, que siguen creando
capítulos de mi vida.

−Pedro Ezcurra.

A nuestros padres que nos supieron inculcar el
amor por la lectura.

Este volumen de Santis y Q3 está centrado en el mundo de los libros y del arte. No sé explicar bien por qué surge esta obra. Al terminar el volumen tres de Santis y Q3, indulté una viñeta sobre el dolor que te genera terminar de leer un buen libro. La viñeta me encantaba, y algo me dijo que quería escribir muchas más viñetas sobre el tema. Más tarde, en un viaje de avión de Madrid a Canarias, durante las tres horas de vuelo, escribí muchos de los primeros argumentos que se recogen en este volumen.

Como me ocurre siempre, yo mismo me sonrío con los argumentos de las viñetas que escribo. Y luego las vuelvo a disfrutar cuando las veo dibujadas por Pedro. Me doy cuenta de que he vivido rodeado de libros. Muchos de los libros de mis padres viven ahora en mi casa y la de mis hermanos. Como en tantas familias, tenemos muchos más libros que espacio para almacenarlos. Nos resistimos a deshacernos de los libros que ya hemos leído y que no vamos a volver a leer. Luego, inventamos formas originales para ir soltando libros sin llegar a perderlos del todo. Nos hemos regalado libros durante generaciones y estoy seguro de que lo seguiremos haciendo. En mi familia, como seguramente en la tuya, hablamos de los libros que leemos, nos intercambiamos los que más nos han gustado. Tenemos autores favoritos que de pronto se convierten en autores familiares hasta que nos cansamos de ellos y los dejamos de leer.

Dime que tú no fantaseas con una tarde en el sofá con una buena novela y una manta. En mi familia extensa es fácil levantarte en verano y ver en el jardín a ocho de los míos leyendo un libro en silencio hasta la hora del aperitivo.

Los libros que hemos leído nos han configurado como somos, nos han enseñado a vivir, a manejar la frustración y la incertidumbre. Nuestras lecturas han desarrollado nuestra sensibilidad, la compasión y la empatía, nos han enseñado a sentir, a ponerle palabras a las emociones. Lo que hemos leído ha dado forma a nuestra manera de sufrir, de enamorarnos y de excitarnos.

En mi familia los libros son, de alguna manera, objeto de culto. Están en lugares principales de la casa, visibles, como parte de una decoración que nos produce serenidad y bienestar. Reparo ahora que en mi familia no se les permite a los niños maltratar los libros. Desde pequeños se les enseña a respetarlos y a darles valor. Viajan con libros. Tienen libros en sus cuartos infantiles. Compran libros en los aeropuertos. A mis padres, dos lectores empedernidos, les pregunto frecuentemente que están leyendo como parte de nuestra comunicación íntima.

Este volumen es un homenaje a un mundo que, contra pronóstico, sigue estando vivo y saludable. Me fascina la capacidad de supervivencia de los libros. En un mundo audiovisual y frenético, la lectura sigue teniendo su espacio. Cada vez que alguien apaga la tele y se va a la cama a leer, el libro gana otra batalla a las pantallas.

Claramente en estas viñetas me interesa más el acto de leer y la relación con los libros, que unos autores u otros. Me he divertido imaginando el vínculo de los autores con sus creaciones, la búsqueda de la inspiración, las reflexiones de los poetas. Al mismo tiempo, creo que hay algo divertido en la forma diferente de ver el mundo y de expresarse entre quien lee y quien no ha desarrollado ese gusto. Me divierte esa pequeña sensación de superioridad intelectual de quien lee y siente que el otro no lo hace, por muy lejos que estemos de ser intelectuales.

En definitiva, a los autores, el mundo de los libros, igual que a ti, nos parece fascinante.

7

UN LIBRO ES UNA PROMESA DE AVENTURA,
CONOCIMIENTO, EMOCIÓN, DIVERSIÓN,
VIDAS PARALELAS...

...O UNA GRAN DECEPCIÓN

11

ME ENCANTÓ TU LIBRO, ME LO LEÍ EN TRES HORAS

PUES LEE MÁS DESPACIO, QUE YO TARDÉ TRES AÑOS EN ESCRIBIRLO

ES BUENO QUE LOS ESCRITORES NOVELES NO CONSIGAN PUBLICAR SUS PRIMERAS NOVELAS

ASÍ TERMINAN ESCRIBIENDO COMO SI NADIE LES FUERA A LEER

Y ESE ARTE SIN CONCESIONES ES EL QUE MERECE LA PENA

YEP

LOS POETAS DE RIMA CONSONANTE SÍ QUE SE TRABAJAN LA POESÍA

LOS POETAS DE RIMA ASONANTE, TODAVÍA

PERO LOS DE RIMA LIBRE SON UNOS VAGOS

LA PRIMERA NOVELA QUE ESCRIBES ES PASIÓN.	LA SEGUNDA ES ANGUSTIA	LA TERCERA ES OFICIO

...ENTONCES, AQUÍ QUIERES DECIR QUE ELLA ESTABA DESOLADA PORQUE VEÍA QUE ÉL REPETÍA OBSESIVAMENTE UN PATRÓN DE COMPORTAMIENTO QUE LLEVABA LA RELACIÓN AL FRACASO

SÍ. ESO ES

PUES NO LO DICES

N.A: EN TUS NOVELAS, SIEMPRE ES MAS FÁCIL SI DICES LO QUE QUIERES DECIR

ESTOY SORPRENDIDO CON LA MODA DE LOS MICRORRELATOS

TODO LO NUEVO LLAMA LA ATENCIÓN

LOS EGIPCIOS YA HACÍAN MICRORRELATOS EN JEROGLÍFICOS

MIRA TÚ, VISTO ASÍ, MUY NUEVOS NO SON

SI ALEJANDRO BARICCO ME EMOCIONA, ME CONMUEVE Y ME FASCINA, PERO LO LEO EN ESPAÑOL, EL QUE ES UN HACHA ES EL TRADUCTOR. ¿NO?

ALESSANDRO BARICCO
Seda

30 DE SEPTIEMBRE
DÍA INTERNACIONAL
DE LA TRADUCCIÓN

MMMMM,
CUANDO ALGUIEN VERSIONA
UNA NOVELA Y COPIA UN ARGUMENTO,
¿PROSTITUYE EL ORIGINAL
O LO MEJORA?

ROBINSON CRUSOE

EL MARCIANO
ANDY WEIR

EL FAMOSO YOUTUBER "FRANKILLER" PRESENTA SU PRIMERA NOVELA

FRANKILLER

COLEGA, NUNCA DEBISTE PASAR DE YOUTUBE AL PAPEL

20

"MURAKAMI ES UN LATINOAMERICANO QUE HA NACIDO EN OTRO SITIO"

Haruki Murakami

1Q84

MÉDICO DEL ALMA

Y DICE QUE SU HIJA CADA VEZ ESTÁ MÁS AUSENTE Y ENCERRADA EN SÍ MISMA

SI, DESDE QUE EMPEZÓ CON PERCY JACKSON NO LEVANTA CABEZA

Y HAN PROBADO CON HARRY POTTER

ESE, ESE FUE EL CULPABLE DE QUE SE ENGANCHARA

VAMOS A PROBAR CON UNA SOBREDOSIS. REGÁLELE LAS OBRAS COMPLETAS DE TOLKIEN, PULLMAN Y RICK RIORDAN

NO HE CONSEGUIDO ESCRIBIR UNA PÁGINA, PERO YA FUMO COMO SI FUERA UN AUTOR CONSAGRADO

CADA LÍNEA QUE ESCRIBO ES UNA MIRADA A MI ALMA

MUCHOS ARTISTAS
SE QUEJAN DE QUE EL ÉXITO
LES ES ESQUIVO

EN REALIDAD, SON MALILLOS

PARA UN AUTOR INQUIETO
TODO ES MATERIAL CREATIVO

LA FLOR DE LA BÚSQUEDA Y LA ANGUSTIA DEL ESCRITOR

EL PROBLEMA DE DEDICARTE A ESCRIBIR, ES QUE NO TE QUEDA MUCHO TIEMPO PARA LEER

¿COMO ESTÁ LA CARNE?

COMO UN ESCRITOR JOVEN...

...SIN HACER

SI A TI TE GUSTA LO QUE ESCRIBES, SIEMPRE HABRÁ ALGUIEN QUE LO VA A VALORAR

YEP

OTRA COSA ES QUE ESTÉ DISPUESTO A PAGAR POR ELLO

TALENTOS PARA SER UN BUEN ESCRITOR, PUBLICADO Y LEÍDO

AMAR LA ESCRITURA
LEER COMPULSIVAMENTE
TENACIDAD
DISCIPLINA
VALENTÍA
DOMINAR EL OFICIO
TENER IMAGINACIÓN
SABER COLOCAR LAS COMAS EN SU SITIO
CORAJE PARA HACER NUDISMO
TERMINAR LAS OBRAS
SEDUCIR AL EDITOR
MOVERSE EN REDES SOCIALES
CRITERIO DE OPORTUNIDAD
TENER VISIBILIDAD
SABER HACER ENTREVISTAS...

A VER COMO SE LO EXPLICO. SU HIJA NO ES ANTISOCIAL, SIMPLEMENTE ES UNA LECTORA EMPEDERNIDA

YA, PERO SI NO SE RELACIONA SE VA A QUEDAR SOLA

NO SE PREOCUPE, LOS LECTORES DE ESTA RAZA TERMINAN POR ENCONTRARSE ENTRE ELLOS

NO HAY AUTOR CANALLA QUE NO SEA UN ALCOHÓLICO

EL 99,9% DE ALCOHÓLICOS NO HAN ESCRITO UNA LÍNEA

LO QUE CREES QUE HAS ESCRITO

LO QUE TU PAREJA Y AMIGOS
TE DICEN QUE HAS ESCRITO

LO QUE DE VERDAD HAS ESCRITO

LO QUE EL MERCADO OPINA
DE LO QUE HAS ESCRITO

34

¿YO NACÍ VIENDO UNA HISTORIA EN CADA RETAZO DE LA VIDA?

¿O SERÁ QUE LA MANERA DE MIRAR TAMBIÉN SE EDUCA?

DECLARACIÓN DE PAZ

ME DIJERON QUE ERA BUENO, QUE TENÍA MUCHO POTENCIAL, QUE HABÍA NACIDO PARA ESCRIBIR

ESCRIBIR ES UN OFICIO, PEQUEÑO SALTAMONTES

HACE FALTA ALGO DE IMAGINACIÓN, TALENTO, ARTE...

...Y TONELADAS DE TRABAJO Y DISCIPLINA

MAQUIAVELO

EL PRINCIPE

ALGUNOS AUTORES LEVANTAN SUS OBRAS PARA REFUGIARSE TRAS ELLAS

EL 90% DE LOS AUTORES SON UNOS VOYEURS DE LA VIDA

EL RESTO LO TERMINARÁN SIENDO

NO HE ENTENDIDO EL FINAL DE TU NOVELA

ES QUE HE QUERIDO HACER UN FINAL NEBULOSO. ME HA PARECIDO MÁS ORIGINAL

PUES NO FUNCIONA. UN FINAL CONFUSO ES UN MAL FINAL

HAY QUE REINVENTAR EL GÉNERO. COMO HIZO PICASSO CON LA PINTURA

PEQUEÑO SALTAMONTES, PICASSO DIBUJABA COMO LOS DIOSES ANTES DE SER CUBISTA

DOCE CAFÉS AL DÍA NO MEJORAN LA AUTORÍA

¿Y ESTA GILIPOLLEZ EN VERSO?

MÉDICO DEL ALMA

...VALE QUE LA REALIDAD NO ES TAN MÁGICA COMO TUS LIBROS...

LA VIDA REAL ES VULGAR, GRIS, ANODINA E INSÍPIDA... ESTÁ LLENA DE... REALIDAD

MADURAR ES UN DURO PROCESO DE ACEPTACIÓN

AUTOR BUSCANDO INSPIRACIÓN

TIEMPO QUE TARDAS
EN ESCRIBIR UN LIBRO

10%

90%

TIEMPO QUE TARDAS
EN CORREGIR
EL LIBRO

¿PARA QUÉ ESCRIBES?

PARA COMUNICARME

¿PARA QUÉ QUIERES COMUNICARTE?

PARA INFLUIR EN EL MUNDO

¿PARA QUÉ QUIERES INFLUIR EN EL MUNDO?

PARA SABERME IMPORTANTE. PARA DARLE SENTIDO A MI VIDA. PARA SENTIRME CREADOR. PARA CREAR UNIVERSOS QUE NO EXISTEN. PARA COMPARTIR MI VISIÓN DEL MUNDO. PARA DEJAR UN LEGADO. PARA SER VISIBLE. PARA ALCANZAR RECONOCIMIENTO Y APLAUSO... PARA SER INMORTAL

Y LO DE GANAR DINERO ¿PARA QUÉ? ¿NO?

PESADILLA DE AUTOR

QUE TE ACUSEN INJUSTAMENTE DE PLAGIO

CREÍ QUE IBAS A DECIR EL USO DEL GUIÓN BAJO, EL PUNTO Y COMA, Y EL CORCHETE

ESO TAMBIÉN

POCOS AUTORES VIVEN SOLO DE LA ESCRITURA. PROBABLEMENTE VAS A TRABAJAR DE OTRA COSA

TAXISTA

COCINERO

ABOGADO

VENDEDOR

ESCRITOR

ESCRITOR

ESCRITOR

ESCRITOR

¡ANDA! PERO SI ESTÁ AQUÍ MI ÚLTIMA NOVELA

Libros Usados

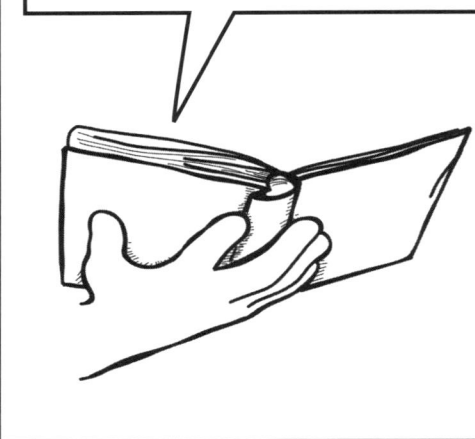

Para Curro, el amigo más querido de este mundo, que este libro te acompañe...

¡QUÉ CABRÓN!

AUTOR TRATANDO DE HUIR DEL FIASCO DE SU PRIMERA NOVELA

YO QUE TÚ USABA UN PSEUDÓNIMO O CAMBIABA DE SEXO

GROSOR DE LA FRONTERA ENTRE
LA AFICIÓN DE ESCRIBIR Y LA PROFESIÓN DE ESCRITOR

SI CREES QUE HAY MAGIA DENTRO DE TI, NO DEJES DE INTENTARLO

DESEARÍA NO HABER LEÍDO TANTO, NI HABER VISTO TANTO CINE, ASÍ ME COSTARÍA MENOS ACEPTAR LA REALIDAD

LAS CREACIONES DE OTROS TAMBIÉN SON REALIDAD

¡TOUCHÉ!

CUANDO ESCRIBAS, DESNÚDATE COMO SI NADIE PUDIERA VERTE

SI EN EL HIPÓDROMO CORREN LOS CABALLOS, Y EN EL CANÓDROMO CORREN LOS PERROS ¿QUIÉN CORRE EN UN PALÍNDROMO?

CON LOS LIBROS NO LEVANTES MUROS, CONSTRUYE ESCALERAS

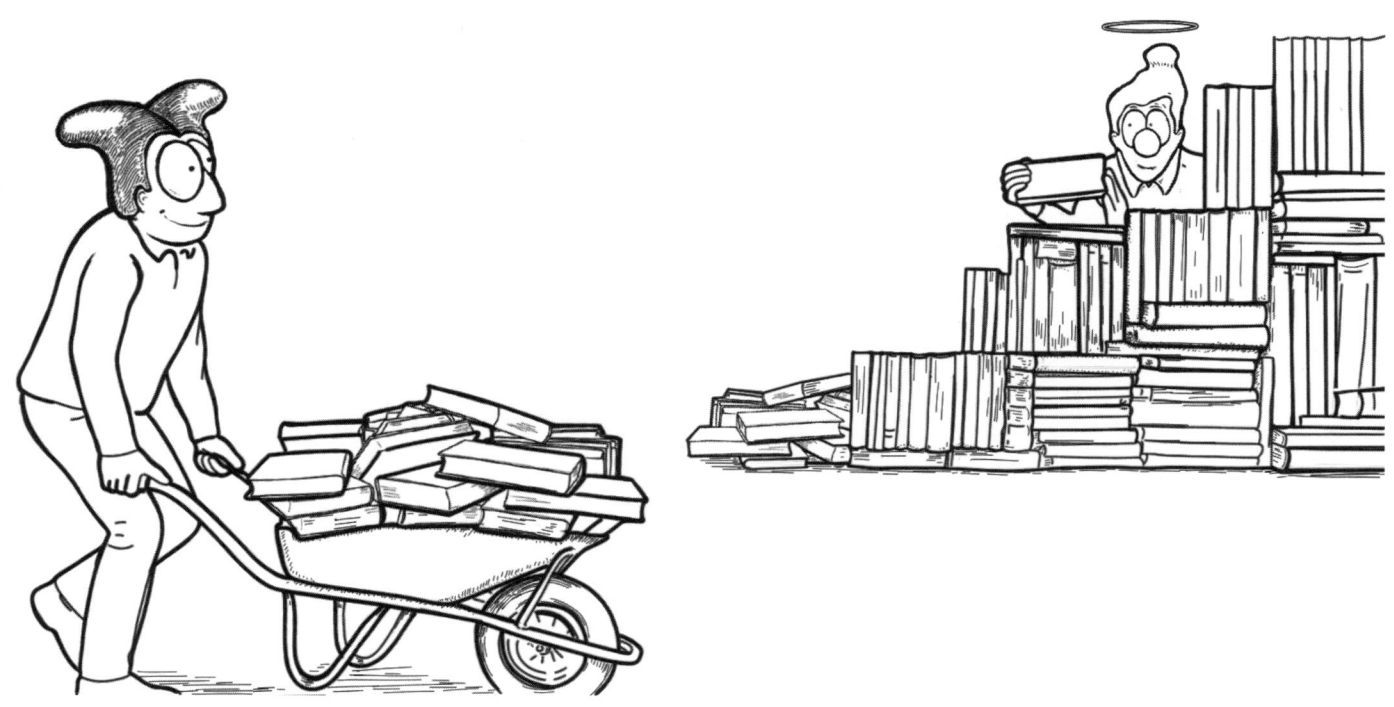

CUANDO CONOCÍ A MI MUJER, ME CITABA EN UN CAFÉ Y ME LEÍA LAS MIL MEJORES POESÍAS DE LA LENGUA CASTELLANA

QUÉ ROMÁNTICO. ¿QUÉ PENSABAS EN ESOS MOMENTOS?

MMMM. QUE TENÍA UNAS PIERNAS ESTUPENDAS

YA. LOS SALVAJES 20 AÑOS

ABORREZCO EL CINE Y LA LITERATURA QUE SE APOYA EN EL SUFRIMIENTO EXTREMO PARA GENERAR EMOCIÓN

¡QUE NO, QUE NO QUIERO QUE ME LO PRESENTES! NO LE QUIERO CONOCER EN PERSONA

PERO, ¿POR QUÉ?

PORQUE ME ENCANTAN SUS LIBROS

ALIMENTOS BÁSICOS PARA EL ALMA

¿QUÉ TE PASA? TE VEO TRISTE ESTOS DÍAS

ESTOY LÁBIL

Lábil:
Poco control de los estados emocionales.

PARECE QUE LA COSA ESTÁ MÁS INTELECTUAL QUE GRAVE

Diccionario

UN JOVEN CANTAUTOR NUNCA SABE SI ES MÁS MÚSICO O MÁS POETA

A UN CANTAUTOR SENIOR ESO SE LA PELA

EL KANKA

LE DEJO, QUE ESTA NOCHE VOY A PARTICIPAR EN LA CAPTURA DE UN CRUEL PSICÓPATA

¿Y NO SERÁ MUY PELIGROSO?

NINGÚN LUGAR ES TAN SEGURO COMO EL SOFÁ DE MI CASA

PUES CORRE, QUE NO SE TE ESCAPE

¿ES LA INFELICIDAD LA FUENTE DE INSPIRACIÓN, O ES LA VIDA?

PARA ALGUNOS ES LO MISMO, CLARO

ANOCHE ANOTÉ UNA GRAN IDEA, LOS PRIMEROS VERSOS ESTABAN POR AQUÍ

PLANES DEL VIERNES PARA EL FIN DE SEMANA:

RECUENTO DE DOMINGO

MMMM, PARECE QUE ESTAMOS HECHOS DE CARBONO, HIDRÓGENO, OXÍGENO Y NITRÓGENO

YO PENSÉ QUE ESTÁBAMOS HECHOS DE LECTURAS

Panel 1:
—¿Y ESE SILLÓN OREJERO?

—ME LO REGALARON MIS PADRES CUANDO ME FUI DE CASA

Panel 2:
—¿YA NO LO QUERÍAN?

—NO, NO. ES QUE PASÉ TANTO TIEMPO LEYENDO EN ÉL QUE ENTENDIERON QUE EL SILLÓN Y YO ÍBAMOS EN EL MISMO LOTE

DESVÉLAME TU SECRETO

¿Y HAS VIAJADO MUCHO?

HE RECORRIDO LA LLANURA SIBERIANA , HE ESCALADO LAS MONTAÑAS MÁS ALTAS DEL PLANETA... HE PLANTADO PATATAS EN MARTE

YA. LECTORA EMPEDERNIDA

SIP

LIBERTAD

ANDA,
AQUÍ HAY UN CANDIDATO
QUE DICE EN SUS HOBBIES
QUE LEE Y ESCRIBE POESÍA

¡ESE,
CONTRATA A ESE!
POR FAVOR.
UN POETA
EN EL EQUIPO

NO LO HAGAS.
LO DEVORAREMOS
EN TRES MESES

FELICIDAD

FELICIDAD COMPARTIDA

FELICIDAD EXTENDIDA

FELICIDAD SERENDIPITY

"CUANDO EL SABIO LEE BAJO LA LUNA,
EL NECIO SE FOTOGRAFÍA EL DEDO"

LA VALORACIÓN QUE TU FAMILIA Y AMIGOS HACEN DE LO QUE ESCRIBES ES UN GESTO DE AMOR, NO UNA CRÍTICA LITERARIA

...RESUMIENDO, QUE SU PAREJA LE ABURRE, SU TRABAJO LE AGOTA, EL MUNDO LE AGREDE Y SU VIDA HA DEJADO DE TENER SENTIDO

Y DICE QUE LA LITERATURA NEGRA NO LE HA FUNCIONADO

NO

OK, VAMOS A PROBAR CON LA LITERATURA ERÓTICA NACIONAL

Y DURANTE 30 DIAS NADA DE NOVELA EXISTENCIALISTA

¿DE VERDAD TENÍAIS
QUE VISITARME A LAS TRES DE LA MAÑANA?
ME VAIS A COSTAR LA SALUD Y LA PAREJA

EL MEJOR AMIGO DEL HOMBRE

Y ENTONCES ELLA, LA HIJA DEL PROTAGONISTA, NO SABÍA QUE SU HERMANO HABÍA ACEPTADO EL ENCARGO...

Y ENTONCES DIJO... PERO AQUÍ HAY UN CAMBIO DE GUIÓN Y...

¿PERO POR QUÉ PÁGINA VAS?

POR LA 223

PUES NO TE HAS SALTADO NI UNA

EL VIAJE NUNCA ES LARGO MIENTRAS HAYA UN BUEN RELATO

REALIDAD

EVOLUCIÓN DEL INTERÉS DEL LECTOR

TIRAS Y TBOs

NOVELA GRÁFICA

LITERATURA, FILOSOFÍA Y ENSAYO

ESQUELAS

UN MENDIGO LEYENDO EN LA CALLE
SIEMPRE ESCONDE UNA HISTORIA

CON 20 AÑOS

NO PUEDO CON ESTE LIBRO, NO ESTOY PREPARADO

CON 40 AÑOS

NO PUEDO CON ESTE LIBRO, EL AUTOR NO ESTÁ PREPARADO

CON 60 AÑOS

NO PUEDO CON ESTE LIBRO, TIENE LA LETRA MUY PEQUEÑA

¿QUÉ TE ESTÁ PARECIENDO EL LIBRO?

BEST SELLER 50.000 EJEMPLARES VENDIDOS

VALER, NO VALE NADA

PERO, CHICO, ¡QUÉ PORTADA!

HAY QUE ESCRIBIR BIEN ANTES DE INTENTAR TENER UN ESTILO PROPIO

NUEVOS AUTORES

QUIERO UN TRABAJO EN EL QUE NO TENGA QUE SER BRILLANTE TODOS LOS DIAS

CON INDEPENDENCIA
DEL TEMA Y EL ESTILO...

...UN BUEN LIBRO TE ATRAPA

LA LECTURA ABRE TU VISIÓN DEL MUNDO

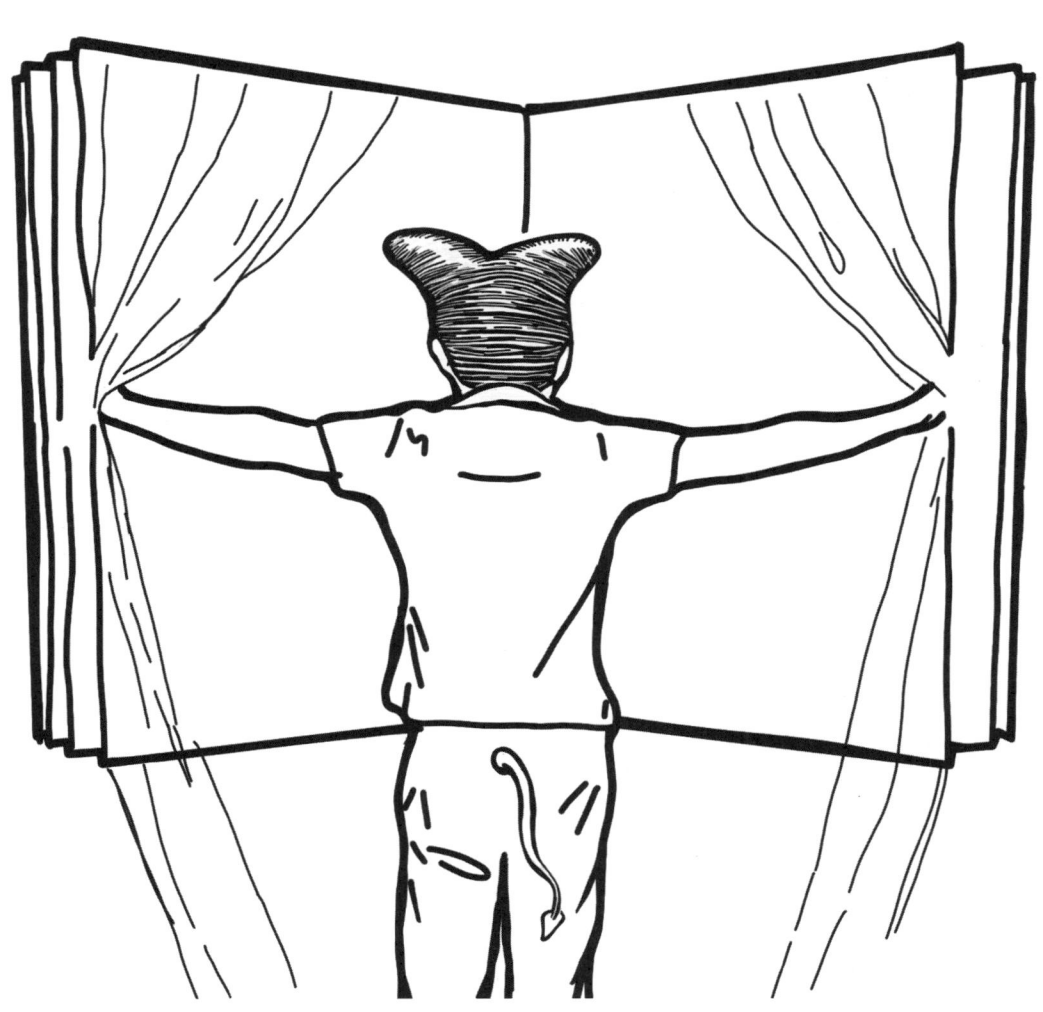

SOMOS LO QUE LEEMOS

POR ALGUNA RAZÓN HAY HISTORIAS QUE TE PERSIGUEN TODA LA VIDA

CREO QUE MAMA HA EMPEZADO UN LIBRO NUEVO

LA VAMOS A PERDER. DISTRÁELA CON ALGO. ¿POR QUÉ PÁGINA VA?

DEBE IR POR LA 5

DÉJALO, YA LA HEMOS PERDIDO. LA RECUPERAREMOS EN 3 DÍAS

NO ME PUEDO CREER QUE NO HAYAS LEÍDO "OCÉANO MAR"

PUES NO. LO TENGO EN PENDIENTES

ENVIDIA: SENTIMIENTO QUE EXPERIMENTAS AL SABER QUE EL OTRO AÚN NO HA LEÍDO EL LIBRO QUE TE CONMOVIÓ

93

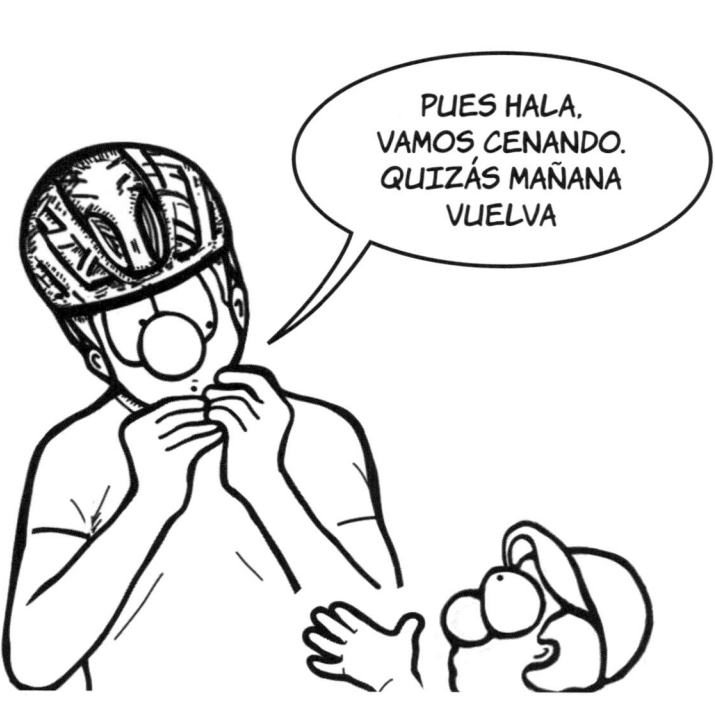

¿HA "VUELTO" YA MAMÁ?

AÚN NO

PUES HALA, VAMOS CENANDO. QUIZÁS MAÑANA VUELVA

ES UNA "LIBRODEPENDIENTE" AUNQUE NO LO RECONOZCA

¿Y ESA CARA?

AYER TERMINÉ LA NOVELA. SIENTO UN ENORME VACÍO POR DENTRO

EMPIEZA OTRA

DISCULPA, ESTOY DE LUTO

HAY PERSONAS
QUE NO ENTIENDEN
QUE TERMINAR UN BUEN LIBRO
ES DOLOROSO

Y ESA CARITA... ¡TU HAS PILLADO ESTE FIN DE SEMANA!

síííí

VENGA, SUELTA: ¿CUÁL ES EL LIBRO?

EL MERCADO NO TIENE NADA CONTRA TI.
TU LIBRO NO ES SUFICIENTEMENTE BUENO TODAVIA

O NO HAS ADULADO SUFICIENTE A LA GENTE ADECUADA

CON EL ARGUMENTO EN LOS TALONES

SUEÑOS DE POETA

COREAN MIS FRASES

CANTAN MIS TEXTOS

SE ACERCAN TIEMPOS DIFÍCILES
AMAR ES URGENTE

SE ENAMORAN

DECORAN SUS CARPETAS

UNA CASA SIN LIBROS ES UN PISO PILOTO

O LA CASA DE UN ALÉRGICO

DESPEDIDAS ENTRE LEONES

"LARGA LECTURA Y PROSPERIDAD"

¡QUE UN BUEN LIBRO TE ACOMPAÑE!

"LIBRIUSKA":
DÍCESE DEL LIBRO QUE ENCIERRA OTROS LIBROS DENTRO DE SÍ

ESTE FIN DE SEMANA VOLVÍ A LEER 2001 ODISEA EN EL ESPACIO. ES EVIDENTE QUE LA BUENA CIENCIA FICCIÓN ES PREDICTIVA

COMANDANTE A H.A.L. : ARRANCA QUE LLEGAMOS TARDE

EL CINE, LOS DOCUMENTALES Y HASTA LOS PODCAST ESTÁN BIEN, PERO NO LOS PUEDES SUBRAYAR

DE LOS LIBROS TE SEPARAS POR ETAPAS

AL MONTÓN DE LA MESA

A LA ESTANTERÍA

A LA SEGUNDA FILA DE LA ESTANTERÍA

A LAS CAJAS EN EL TRASTERO

A LA HERENCIA A LOS NIETOS

AL PUNTO LIMPIO

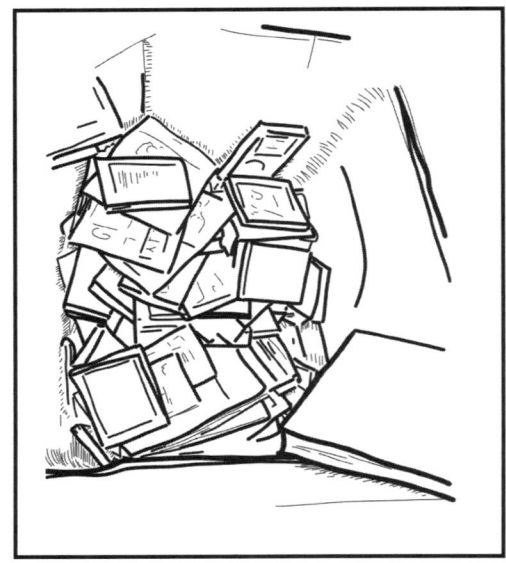

¿EN SERIO?
RIÉNDOTE CON EL QUIJOTE

PUES NO CONSIDERA NORMAL
EL ALONSO QUIJANO, JAJAJA, QUE
LAS MOZAS DE LA POSADA SE ENAMOREN DE ÉL,
JAJAJA PORQUE ES UN PIBÓN, JAJAJA,
PERO ÉL DEBE RENUNCIAR A LA TENTACIÓN
Y SER FUERTE PORQUE SE DEBE
A DULCINEA. JAJAJA

EL QUIJOTE

SÍ.
CERVANTES ERA
UN GAMBERRO
MUY MODERNO

EL QUIJOTE

107

A FUERZA DE LEER A LOS CLÁSICOS, ESTOY EMPEZANDO A ESCRIBIR FRASES DE MÁS DE SIETE PALABRAS Y A PONER EL SUJETO DELANTE DEL VERBO

NO HAY MERCADO PARA ESTO

ESCRIBIR PUEDE SER AGOTADOR.
SI NO TE CUIDAS ESCRIBIRÁS CADA VEZ PEOR

EL ROLLO CRÁPULA QUE SE AUTODESTRUYE SOLO FUNCIONA SI ADEMÁS ERES UN GENIO

SER O NO SER BIEN LEÍDO, ESA ES LA CUESTIÓN

ADEMÁS DE QUE EL LIBRO ESTÉ BIEN ESCRITO, HAY QUE LEERLO BIEN

CUANDO VOY A UNA LIBRERÍA NO NECESITO UN DEPENDIENTE, NECESITO UN ASESOR LITERARIO

INCLUSO UN CONSEJERO ESPIRITUAL

ACEPTÉMOSLO, NO TODOS LEEMOS CON LA MISMA INTENSIDAD

DICEN QUE HABÍA UN AUTOR QUE ESCRIBÍA TAN BIEN QUE SABÍA USAR CORRECTAMENTE EL PUNTO Y COMA

NOOOOO

UN INTELECTUAL QUE LEA MUCHO, CONSIGUE LEER EL 0.1% DE LO QUE SE PUBLICA

TAMPOCO ES COMO PARA PRESUMIR MUCHO, ME PARECE

0,1%

CUÁNTOS SIGLOS TIENEN QUE PASAR PARA PODER DECIR QUE "UNA OBRA DE ARTE" ES UNA MIERDA SIN RESULTAR UN IGNORANTE

CREO QUE EL ARTE NO ES BUENO NI MALO. SENCILLAMENTE TE CONMUEVE O NO

COMO EL VINO

EL VINO TAMBIEN ES ARTE, CHAVAL

116

LE HE DEDICADO MÁS TIEMPO A LEER EL DICCIONARIO QUE AL LIBRO

Gárgoris y Habidis

YA HE VUELTO A TROPEZAR CON LA "LITERATURA INCOMPRENSIBLE"

NO ENTIENDO QUE **MI** UNIVERSO PERSONAL, CON **MIS** METÁFORAS, **MIS** REFERENCIAS, **MI** ESTILO, **MI** TONO Y **MI** RITMO NO TE GUSTE A **TI**

ESTÁN PROPONIENDO MODIFICAR LA CONSTITUCIÓN

¿PROPONEN HABER LEÍDO UN NÚMERO MÍNIMO DE LIBROS PARA PODER VOTAR?

¿Y UN EXAMEN DE HISTORIA PARA SER CANDIDATO?

BAJAD LA VOZ, TERRORISTAS CULTURALES

ADEMÁS ¿EL TEMA ES CUÁNTOS LIBROS HAN LEÍDO O QUÉ LIBROS HAN LEÍDO?

YO CREO QUE CUÁNTOS YA ES UN PRIMER FILTRO

¡COMO SI LEEN CÓMICS, PERO QUE LEAN!

UN POLÍTICO QUE NO SABE HISTORIA ES UN TIPO PREVISIBLE QUE SE CREE ORIGINAL

QUE NO DIGO
QUE NO HAYA LEÍDO,
SOLO DIGO QUE NO SE LE NOTA

HACE 30 AÑOS...

COLEGIO

OS QUIERO A TODOS PREPARADOS A LAS CINCO

"SÍ SEÑORITA"

AHORA...

POR FAVOR, TODOS PREPARADOS A LAS CINCO

POR EL CULO TE LA HINCO

LO DE ANTES NO SERÍA EL CAMINO, PERO SI NO PARAMOS ESTO LO VAMOS A LAMENTAR

124

TARJETA ROJA A LA IGNORANCIA

UN INTELECTUAL ES UN TIPO NORMAL QUE NO SABE QUE LO ES

SI TENGO UNA VIDA LARGA Y SALUDABLE LEERÉ UNOS MIL LIBROS. ¿PARA QUÉ SE PUBLICAN TODOS LOS DEMÁS?

A BASE DE VER EL MUNDO A TRAVÉS DEL MÓVIL MI CREATIVIDAD SOLO ME DA PARA ESCRIBIR MICRORRELATOS

"NAPO-LEÓN" AL FRENTE
DE LA REVOLUCIÓN DE LAS LETRAS

NAPOLEÓN: PATRÓN DE LOS LECTORES

129

UNA MIRADA AMPLIA DEL MUNDO SE CONQUISTA

ES CURIOSO QUE EL PERIODISMO DA BUENOS ESCRITORES, PERO EL VIAJE INVERSO RARA VEZ SE DA

NÚMERO DE LIBROS EDITADOS AL AÑO EN ESPAÑA: 80.000 TÍTULOS

ESTOY MUY ORGULLOSO POR QUE HE LEÍDO EL 0.01% DE LO QUE SE HA EDITADO ESTE AÑO

¿EN EL MUNDO?

NO. EN MI BARRIO.

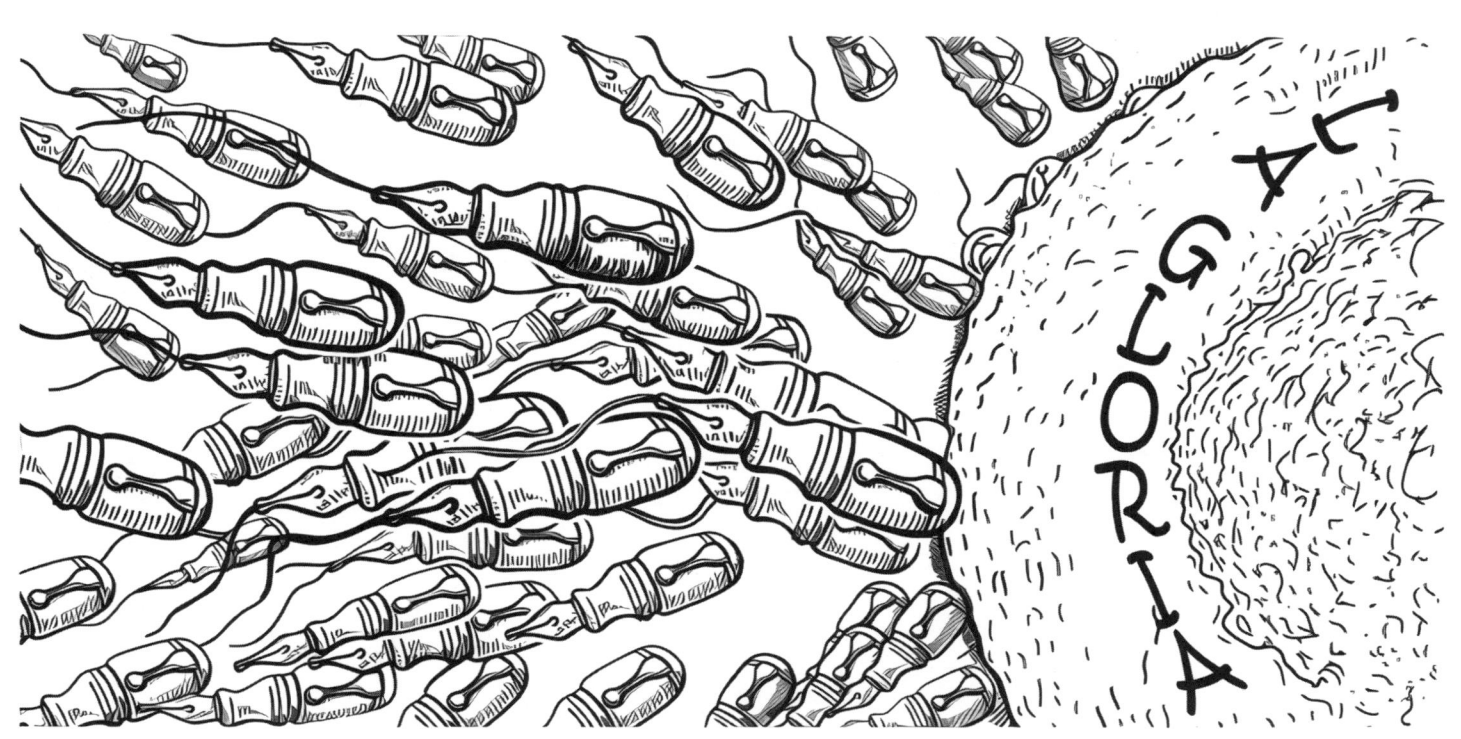

LA GLORIA

LISTAS DE LIBROS MÁS LEÍDOS

"LA LISTA MÁS FIABLE ES EL METRO"

134

LAS AUTOBIOGRAFÍAS LAS HE COLOCADO EN LA SECCIÓN DE FICCIÓN

EN CONCRETO EN EL APARTADO DE FANTASÍA

MANDATO DE AUTOR

SÉ GENEROSO. COMPÁRTELO

PERSONAS QUE ABRAZAN EL "VOTO DE POBREZA":
DOMINICOS, AGUSTINOS, DIÓGENES, ESCRITORES
Y OTROS ARTISTAS

137

LA "RE-EDICIÓN" DE BREDA

LOS LIBROS NO SON BUENOS NI MALOS. LOS LIBROS FUNCIONAN O NO FUNCIONAN

Y EL TUYO PROBABLEMENTE NO FUNCIONA

DESDE QUE PETERS Y WATERMAN ESCRIBIERON "EN BUSCA DE LA EXCELENCIA" HACE 35 AÑOS. LA LITERATURA DE GESTIÓN NO PARA DE GENERAR SUPERVENTAS

SU SEGUNDO LIBRO, DONDE DESCRIBÍA EN QUÉ SE EQUIVOCÓ EN EL PRIMERO, VENDIÓ MUCHO MENOS

LIDERAZGO ESENCIAL

AÚN ASÍ, TIENE MÉRITO INVENTAR UNA CATEGORÍA LITERARÍA

AL CÉSAR LO QUE ES DEL CÉSAR

"PROYECTO DE ESCRITORES"

"ESCRITORES CONSAGRADOS"

PROYECTO DE ESCRITORES

BUENA NOTICIA. QUIEN PASA A LA SEGUNDA VIÑETA DE LA PÁGINA ANTERIOR NO ESTÁ DECIDIDO

DESDE QUE EXISTE INTERNET LOS LIBROS DE CONSULTA SON ESCULTURAS ROMÁNTICAS

LIBRO
DE
CONSULTA

ES TIEMPO DE ESCRIBIR

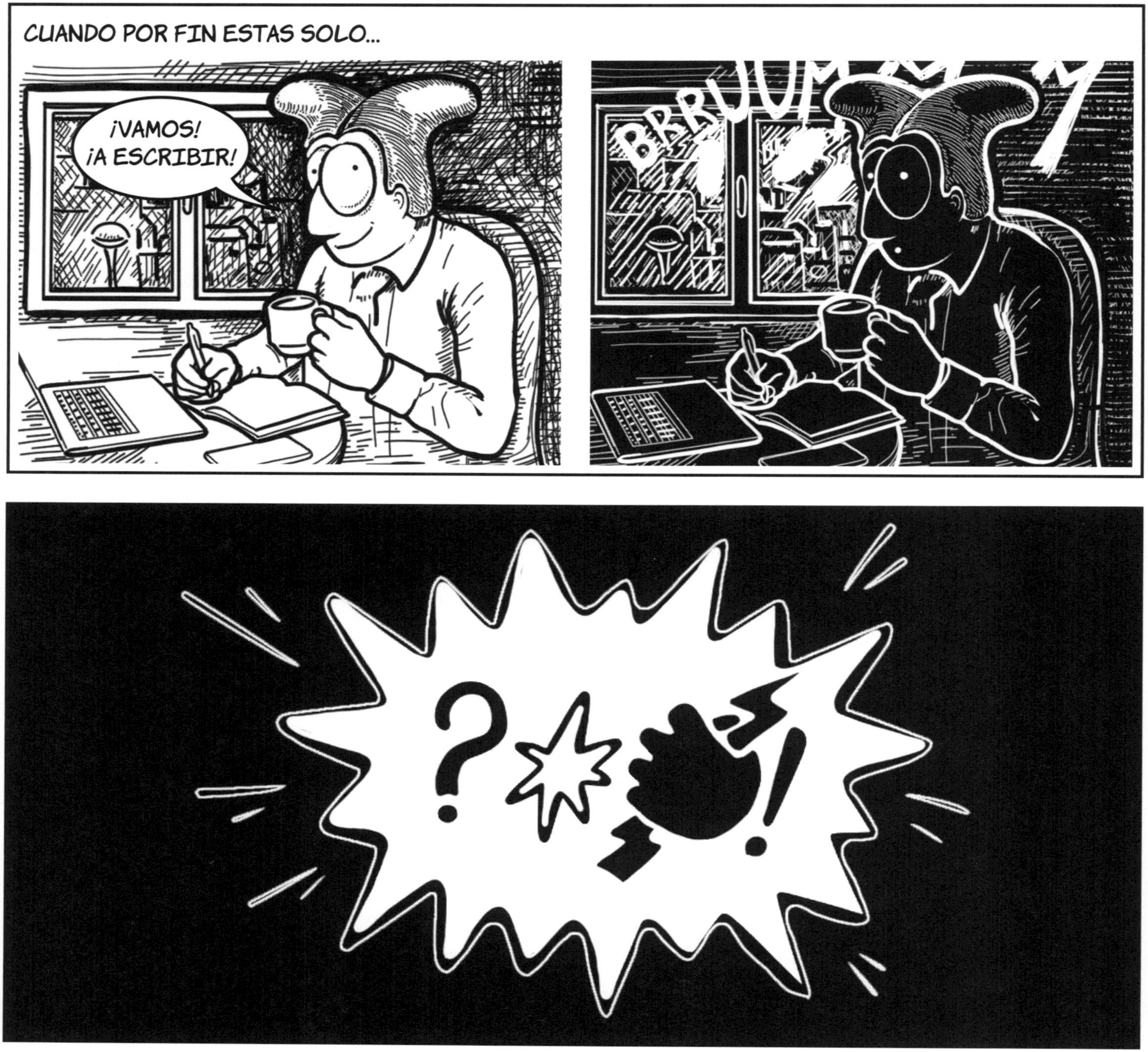

CUANDO POR FIN ESTAS SOLO...

¡VAMOS! ¡A ESCRIBIR!

BRRUUM

¿QUÉ TE HA PARECIDO "100 AÑOS DE SOLEDAD"?

¿QUE LE SOBRAN 50?

N.A.: DICEN QUE LO DIJO BENEDETTI

145

ES TIEMPO DE ESCRIBIR

Y TIENES TODO A FAVOR...

¡MIERDA! NO SE ME OCURRE NADA

TIPOS DE LECTORES:

PERSONAS QUE QUIEREN LEER EL QUIJOTE

PERSONAS QUE QUIEREN DECIR QUE LO HAN LEÍDO

ENCUENTROS...

ENSAYO

IRENE VALLEJO
El infinito en un junco

POESÍA

FÚTBOL

JORGE VALDANO

POESÍA

148

...CON LA POESÍA

CARL SAGAN

CIENCIA SOMOS POLVO DE ESTRELLAS **POESÍA**

GAUDÍ

ARQUITECTURA **POESÍA**

JULIO VERNE NO SALIÓ DE SU SALÓN Y NOS LLEVÓ A LA LUNA, AL CENTRO DE LA TIERRA Y DIO LA VUELTA AL MUNDO EN 80 DÍAS

Y NO TENÍA INTERNET

150

CRÍTICA EGO ANGUSTIA AUTOCENSURA FAMILIA MERCADO TALENTO MIEDO RECONOCIM...

NUNCA TE OLVIDAS DE QUIÉN TE REGALÓ "EL PRINCIPITO" POR PRIMERA VEZ

HAY LIBROS QUE NOS RECUERDAN A NOSOTROS MISMOS

QUE NO ME CUENTEN CUENTOS, TUS ADMIRADOS JULIO VERNE, ASIMOV, H.G. WELLS... ERAN UNOS "FUMAOS". ESA IMAGINACIÓN NO ES POSIBLE SIN PSICOTRÓPICOS

PERDONA, TUS QUERIDOS MARY SHELLEY, LORD BYRON Y STOKER SÍ QUE ERAN UNOS PERTURBADOS

AHORA, QUE BUENA PANDA DE LOCOS

TE DIRÉ

SI FUI CAPAZ DE ESCRIBIR MÁS ALLÁ,
ES PORQUE ME SUBÍ A LIBROS DE GIGANTES

COTOS DE CAZA PARA LA INSPIRACIÓN

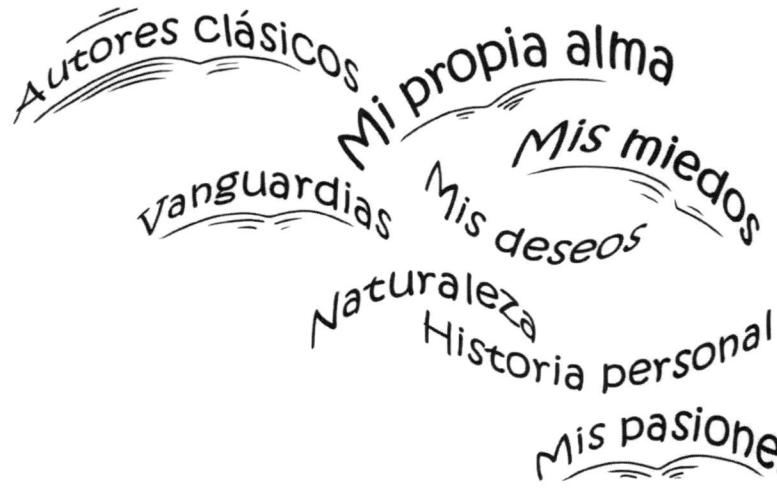

Autores clásicos
Mi propia alma
Mis miedos
Vanguardias
Mis deseos
Naturaleza
Historia personal
Mis pasiones

LA FANTASÍA ES LA ÚLTIMA FRONTERA QUE VAMOS A GANARLE A LA INTELIGENCIA ARTIFICIAL

HAY LIBROS
QUE SE DEBERÍAN VENDER
EN LAS FARMACIAS

HAY PALABRAS QUE, EN EL MOMENTO PRECISO, RESUENAN EN EL ALMA PARA RECONFORTARLA

...O PARA DESTRUIRLA

TIPOS DE LECTORES : "EL SOBACO ILUSTRADO"

BUENOS DÍAS

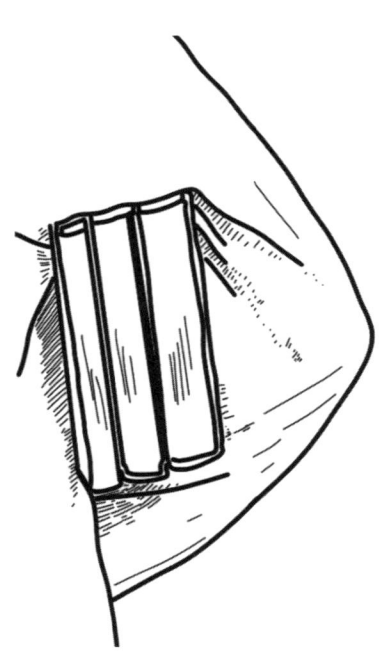

BUENAS TARDES

HOY ENTREVISTAMOS A LA AUTORA DE BEST SELLERS...

¿CUANTAS HORAS AL DÍA LE DEDICA A ESCRIBIR?

LA MITAD DEL TIEMPO QUE DEDICO A PROMOCIONAR MIS LIBROS

DE NOVIOS
LE FASCINABAN MI ARTE
Y MI ROMANTICISMO

HOY PREFERIRÍA
QUE PUDIERA PAGAR MI PARTE
DEL ALQUILER

Este sabado estaré firmando en la feria del libro.
La última vez firmé un ejemplar.
Este año no viene mi madre.
¡Cuento contigo!

KIT DE AUTOR PARA FIRMAR EN LA FERIA DEL LIBRO:

AUTOR NOVEL

SU MEJOR SONRISA

VESTIMENTA DE GALA

BOLÍGRAFOS PARA FIRMAS

AUTOR VETERANO

SUDOKU

TERMO CON CAFÉ

CARGADOR PARA EL MÓVIL

AUTORES PREPARÁNDOSE PARA LA FERIA DEL LIBRO

AUTOR NOVEL

OJALÁ FIRME MUCHOS EJEMPLARES DE MI NOVELA

AUTOR VETERANO

OJALÁ HAGA BUEN TIEMPO

165

REPARTO DE ROLES EN LA FERIA DEL LIBRO:

1. PÚBLICO INTERESADO
2. PERSONAS QUE PASABAN POR AHÍ
3. EDITORES
4. DIEZ AUTORES ESTRELLA
5. ATTREZZO (RESTO DE AUTORES)

PRESENTACIÓN DEL LIBRO

LO QUE SUEÑA EL AUTOR

LO QUE SUEÑA EL EDITOR

LA CRUDA REALIDAD

167

LOS LIBROS SIGUEN SIENDO EL MEJOR CANAL DE ACCESO A LA CULTURA

¿O ES AL REVÉS?

ROMÁNTICOS UNIVERSALES: ESPRONCEDA, BÉCQUER, ZORRILLA... Y EL GREMIO DE EDITORES

Zorrilla

ME HICE ESCRITOR PORQUE TENÍA **UNA** HISTORIA QUE CONTAR ¿DE QUÉ ESCRIBO A PARTIR DE AHORA?

¿¿¿¿ ?????

TIPOS DE LECTORES:

AMANTES DE LA FORMA

AMANTES DEL FONDO

POETA ASONANTE ESCAPANDO DE LA RIMA

ZAMBULLIDAS DE VERANO

EN LO QUE VA DE VERANO LLEVO SIETE ASESINATOS, DOS SECUESTROS, TRES VIOLACIONES...

PUES CASI QUE YA, ¿NO?

¡SÍ! CREO QUE HE CUBIERTO MI CUPO DE NOVELA NEGRA POR ESTE VERANO

NUNCA NAUFRAGAS DEL TODO
SI TIENES UN BUEN LIBRO

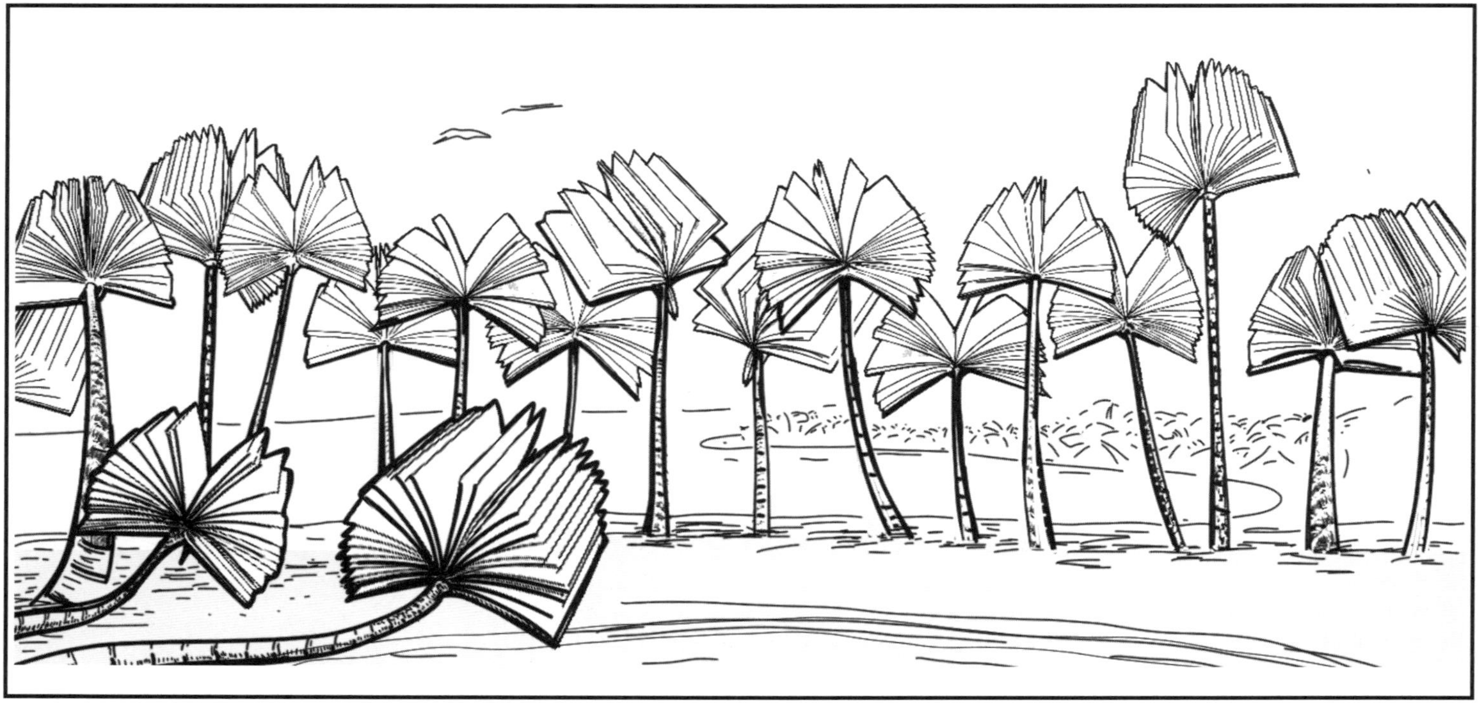

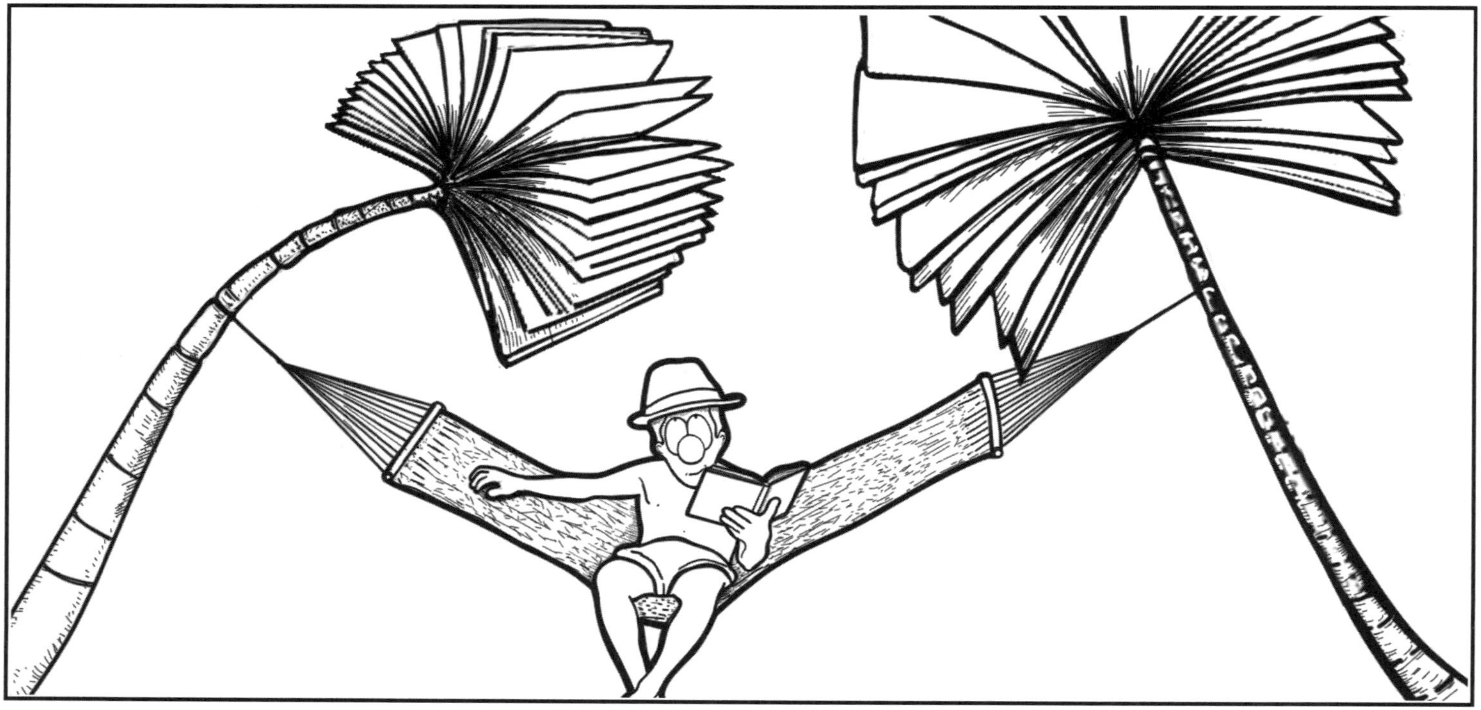

¡NO HAY HUEVOS! CON LOS OJOS CERRADOS

¿QUE NO?

VAMOS ¡VALIENTE! DISPARA

¿YA ESTÁIS JUGANDO A LA RULETA RUSA LITERARIA?

DEJAMOS
QUE NUESTROS HIJOS
VEAN CON NATURALIDAD
UNA CABEZA CORTADA EN UNA BANDEJA
PERO LA BELLEZA DESNUDA
HAY QUE OCULTARLA

CURIOSA
NUESTRA CULTURA

NO HE VISTO MUJERES TAN BELLAS, DESEABLES E INTERESANTES, COMO EN LOS LIBROS

PUES LOS VARONES, NI TE CUENTO

EL CONDE DE MONTECRISTO

EN CUANTO
LA TENSIÓN SEXUAL SE RESUELVE
LA HISTORIA SE VIENE ABAJO

EL SEXO BIEN HECHO
ES UNA POESIA
DE RIMA CONSONANTE

Y MUY BIEN HECHO,
ES DE RIMA LIBRE

EL SEXO SIN POESÍA ES SOLO UN POCO DE EJERCICIO

EL SEXO DESPACITO ES UNA LECTURA COMPARTIDA EN BAJITO

EN ESTA PAREJA YO HAGO TODO EL TRABAJO INTELECTUAL, PRIMERO TE CUENTO CÓMO ESTOY Y LUEGO TENGO QUE LEER TUS SILENCIOS

ESTOY AGOTADA DE LEERTE

¡PERO SI HACE AÑOS QUE NO ME LEES NADA!

NO. QUE ESTOY CANSADA DE INTERPRETARTE

¿PERO CUÁNDO HAS HECHO TÚ MI PAPEL?

CREO QUE ME GUSTAS

MIRA QUE ERES SOSO. PONLE UN POCO DE POESÍA A LA RELACIÓN

LAS CARACOLAS DE MAR IRRUMPEN EN MI ALMA CADA VEZ QUE EL SOL ROZA TU PELO...

EL CABRÓN LO HACE A PROPÓSITO

TIPOS DE ESCRITORES Y SU RELACIÓN CON EL SEXO

ESCRIBEN SOBRE EL SEXO QUE HAN TENIDO

ESCRIBEN SOBRE EL SEXO QUE HAN VISTO Y LEÍDO

ESCRIBEN SOBRE EL SEXO QUE QUISIERAN TENER Y HABER TENIDO

CREO QUE EL SEXO RESUME TODAS LAS PASIONES DEL SER HUMANO: ENVIDIA, GULA, LUJURIA, PEREZA, AVARICIA, IRA, SOBERBIA...

¡LA PEREZA NO!

¡ANDA QUE NO!

DESPUÉS DE CIENTOS DE AÑOS ESCRIBIENDO SOBRE EL AMOR ETERNO AHORA RESULTA QUE ES UNA INVENCIÓN DE POETAS Y QUE EN REALIDAD NO EXISTE

ALGO HAY QUE DECIRLE A LOS QUE NO ENCUENTRAN ESE AMOR

¿Y NO ES MEJOR DECIRLES QUE SIEMPRE HAY OTRA OPORTUNIDAD?

SI QUIERES TENER SEXO, PRACTICA CULTURISMO

CATEGORÍAS DE AMOR COMO FUENTE DE INSPIRACIÓN

DESAMOR

AMOR PRETENDIDO

AMOR SERENO

SI NO HAS ESTADO NUNCA ENAMORADO, ES QUE HAS LEÍDO POCO

191

Y PENSAR QUE DENTRO DE MI VIVE UNA OBRA MAESTRA QUE AÚN NO HA VISTO LA LUZ

TIPOS DE LECTORES:

LECTORES
QUE SUBRAYAN LOS LIBROS
Y ANOTAN EN LOS MÁRGENES

LECTORES DEVOTOS DE LA
"INMACULADA EDICIÓN"

LA MANO

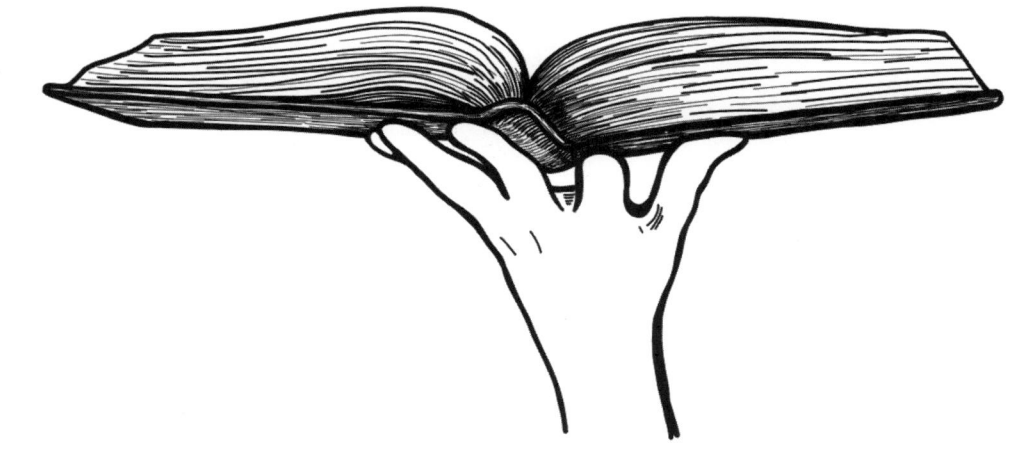

HOLA MANO. ¿TE VAS A PONER A ESCRIBIR DE UNA VEZ?

DÉJAME EN PAZ, ESTOY LEYENDO

ERES ESCRITOR, NO LECTOR

ESCRIBO PORQUE AÚN NO EXISTE LO QUE QUIERO LEER

¡QUÉ ABURRIMIENTO! COMO LA MANO NO SE PONGA A ESCRIBIR NO HAY NADA QUE HACER

HAY QUE ANIMARLE

VAMOS A DARLE DISGUSTOS. EL BIENESTAR NUNCA ESTÍMULÓ LA CREATIVIDAD

Q3, NO ME TOQUES LAS NARICES

197

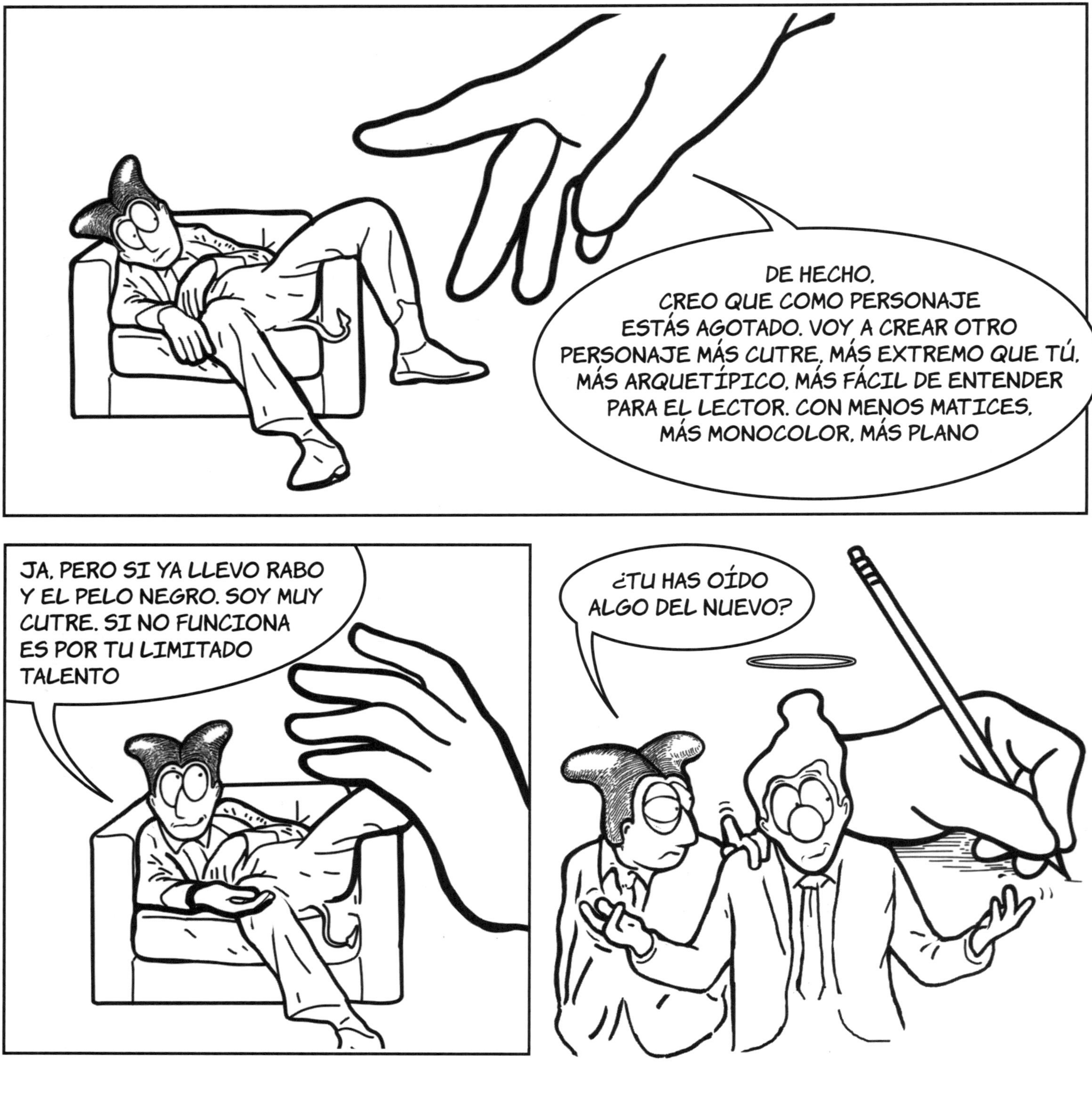

DE HECHO, CREO QUE COMO PERSONAJE ESTÁS AGOTADO. VOY A CREAR OTRO PERSONAJE MÁS CUTRE, MÁS EXTREMO QUE TÚ, MÁS ARQUETÍPICO, MÁS FÁCIL DE ENTENDER PARA EL LECTOR. CON MENOS MATICES, MÁS MONOCOLOR, MÁS PLANO

JA, PERO SI YA LLEVO RABO Y EL PELO NEGRO. SOY MUY CUTRE. SI NO FUNCIONA ES POR TU LIMITADO TALENTO

¿TU HAS OÍDO ALGO DEL NUEVO?

A MI PERSONAJE LE FALTA ACIDEZ PORQUE ERES UN BUENÍN. NO TIENES ESE REGISTRO CANALLA. TE FALTA LA PULSIÓN GENUINA DEL MAL. TE FALTA CALLE, COLEGA

LA VERDAD ES QUE SIEMPRE LE GUSTÉ MÁS A SUS MADRES QUE A MIS AMIGAS

HEMOS RECIBIDO LAS ENCUESTAS DEL VOLUMEN TRES

¿YA?

EL 80% OPINA QUE EL PERSONAJE DE Q3 DEBERÍA SALIR EN TODAS LAS VIÑETAS Y ELIMINAR A MUCHOS PERSONAJES SECUNDARIOS

OPINAN QUE DEBERÍAS ESCRIBIR UN MONOGRÁFICO SOBRE MÍ

A MAYOR GLORIA DE MI PERSONA, CLARO

¡QUÉ PESADO ES!

200

OS PRESENTO A VUESTRO NUEVO COMPAÑERO DE VIÑETAS

AHORA EN CUANTO LA MANO SE VAYA, TE ENSEÑO DESPACITO CÓMO FUNCIONA ESTO

¡Q3! ¿QUE LE HAS HECHO AL NUEVO?

EN SERIO, SE HA DEBIDO TROPEZAR. YO NO SÉ NADA

NO QUIERO COMPARTIR VIÑETA CON Q3. VOY A DENUNCIARLO EN EL SINDICATO

TÚ ERES EL CANALLA, COLEGA, CREÍ QUE LE IBAS A PONER EN SU SITIO

AL FINAL Q3 VA A SER MÁS CUTRE DE LO QUE YO PENSABA

ESTÁ BIEN
TE DARÉ OTRA OPORTUNIDAD.
PERO QUE SEPAS QUE VOY A DIBUJARTE
CEDIENDO EL PASO A LAS DAMAS
Y PIDIENDO EL CAFÉ POR FAVOR.
VOY A ARRUINAR TU IMAGEN
DE MALOTE

LES CEDERÉ
EL PASO PARA
MIRARLES
LAS PIERNAS

¿QUÉ? ESTÁIS ENCERRADOS, ATADOS, EN DIQUE SECO, INACTIVOS, COMO MUERTOS... JA, JA, JA, DEPENDÉIS DE MÍ PARA EXISTIR

TE RECUERDO QUE UN GRAN PODER CONLLEVA UNA GRAN RESPONSABILIDAD

DAME MEDIA PÁGINA Y VERÁS COMO TE PONGO A PARIR

¿QUÉ MIERDA DE DIBUJO ES ÉSTE?

ESTOY PRACTICANDO EL MÉTODO DE LA "MANO LIBRE"

QUINO ERA GENIAL HACIENDO VIÑETAS PORQUE LOS DEMÁS SOMOS MEDIOCRES

¿ENTONCES PARA QUÉ ESCRIBES? EL MUNDO NO NECESITA MÁS MEDIOCRIDAD

ESTOY APRENDIENDO...
NO PUEDO DEJAR DE INTENTARLO